AF564123

SOLFÉGE-MANUEL

COMPOSÉ SPÉCIALEMENT

POUR LES

COURS DE SOLFÉGE

PAR

A. LIMAGNE

PROFESSEUR AU PENSIONNAT DES FRÈRES DES ÉCOLES CHRÉTIENNES A PASSY-LÈS-PARIS

TROISIÈME PARTIE

PRIX NET

Chaque Partie. . . . . 1 fr.

PUBLIÉ PAR L'AUTEUR

RUE DU FAUBOURG-POISSONNIÈRE, 112, PARIS

RUE BASSE, 46, PASSY-LÈS-PARIS

Tout exemplaire de cet Ouvrage, non revêtu de la signature de l'Auteur, sera réputé contrefait.

A. Limagne.

MUSIQUE TYPOGRAPHIQUE

PROCÉDÉ D'ALEXANDRE CURMER

Rue des Marais-Saint-Germain 13.

Imprimerie Maulde et Renou, rue de Rivoli 144.

SOLFÉGE-MANUEL.

TROISIÈME PARTIE.

EXERCICES SUR LES MODULATIONS.

1

(6)
2
(7)
3
CANON
1
2
4

FIN
(1)
5
(2)
6

7 (3)

8 CANON 1 2

J'ai - me l'é - cho de la mon - ta - gne Qui ré -

- pè - te mes ac - cents; De sa voix il ac - com - pa - gne et ra -

- ni - me mes doux chants, Et ra - ni - me mes doux chants; Si je

chante a - vec tris - tes - se, Tris - te - ment il me ré - pond, Et re -

FIN

- dit, plein d'al - lé - gres - se, Ma joy - eu - se chan - son. J'ai - me l'é -

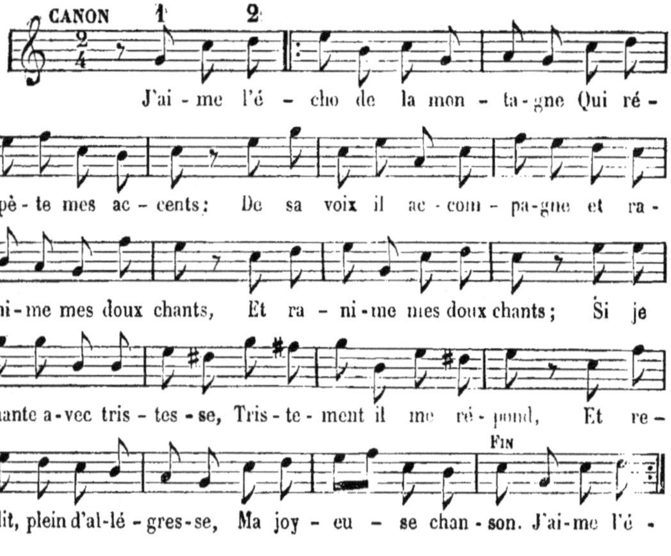

EXERCICES SUR LES DOUBLES-CROCHES.

9 (13)

(14)
10

(15)
11
CANON
1
2
3
12
FIN
(9)
13

(10)
14

15
(11)
16
CANON 1
2
3
Aux la - beurs de l'é - tu - de Pli - ez -
- vous, pli - ez-vous sans ef - fort ; Si vo - tre tâche est
ru - de, Le tra - vail, le travail est au port. Dans cet - te
route a - ri - de, Mar - chez a - vec ar - deur ; A la
voix qui vous gui - de, Mar - chez vers le bon - heur. Aux la -
Fin
17
(18)

18
(17)
6
8

(20)
19
9
8
(19)
20
9
8

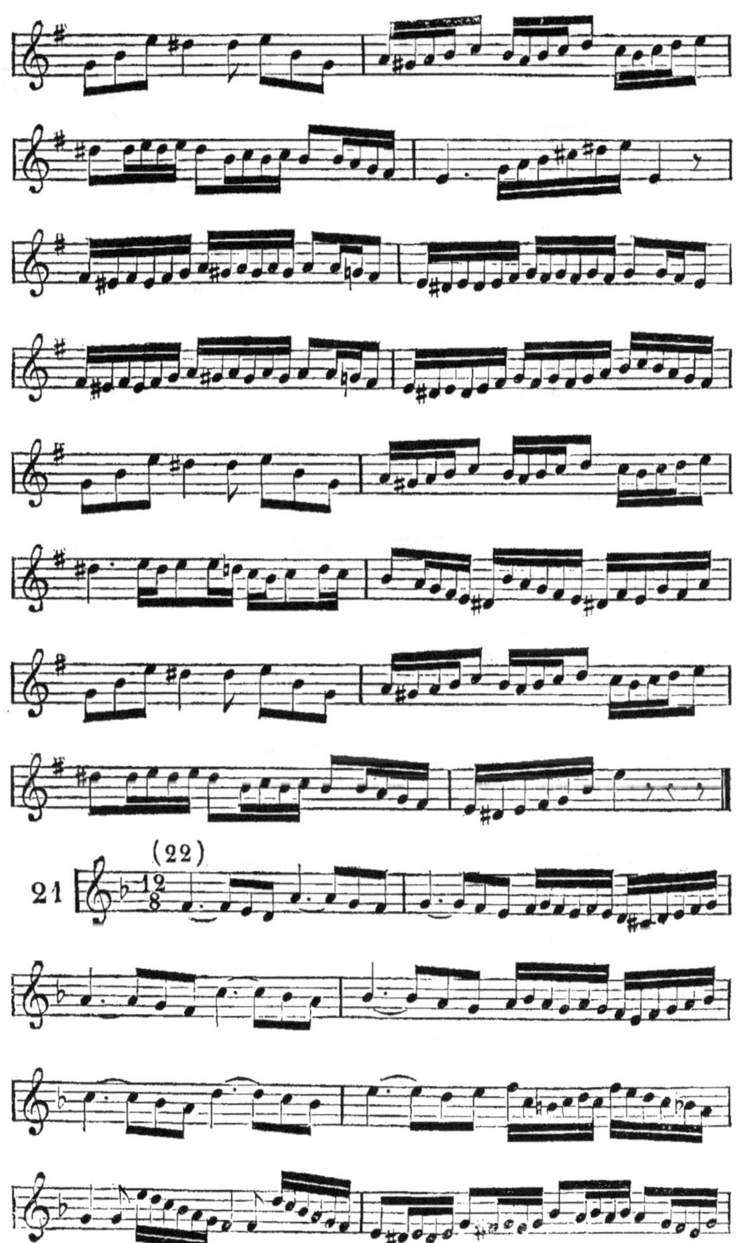

(22)
21

(21)
22
23
CANON
Lors - que dans Ro - me sou - ve - rai - ne Ré -
- gnaient des bourreaux, des bourreaux couronnés, Lorsque les tigres, dans l'a -
- rè - ne, Ru-gis-saient, de sang al - té - rés, Du fond des ca - ta -

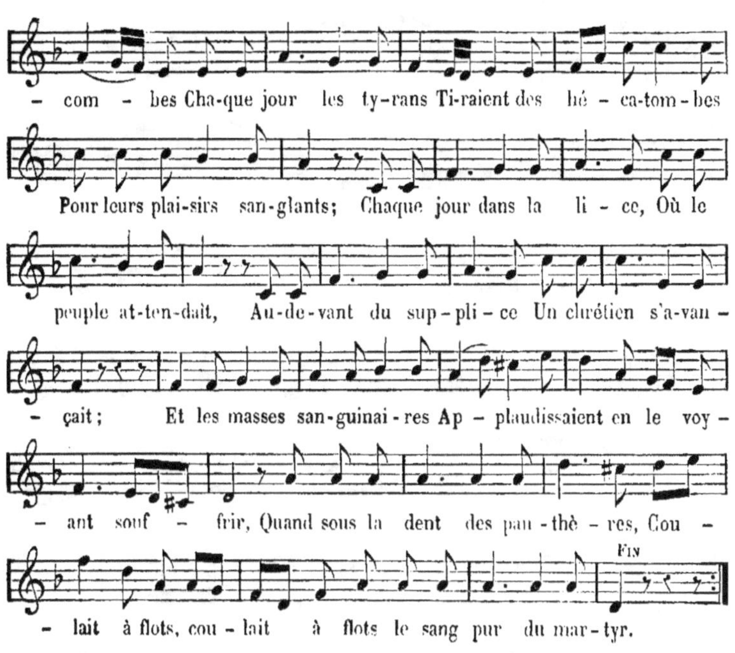

EXERCICES SUR LE TON DE RÉ NATUREL MAJEUR ET DE SI NATUREL MINEUR.

(27)
25
(24)
26
(25)
27

(29)
28
9
8

(28)

29

CANON 1 2 3 4

30

Muse aux concerts im-mor-tels, Re-dis nos chants d'al-lé-gres-se; Que les voix de la jeu-nes-se, Par des ac-cords, des ac-cords é-ter-nels, S'u-nis-sent sans ces-se De-vant tes au-tels.

FIN

EXERCICES SUR LE TON DE SI BÉMOL MAJEUR ET DE SOL NATUREL MINEUR.

(33)

31

(34)
52

33
(31)
34
(32)

(36)
35
(35)
36

EXERCICES SUR LE POINT, LE DOUBLE-POINT ET LE QUART-DE-SOUPIR.

39 (38)

(42)
40
(43)
41

(40)
42
(41)
43

44
CANON 1 2 3
No – ël! No – ël! Sa –
– lut, ô fê – te si bel – – le, Fê –
– te des doux sou – ve – nirs! A l'en – fant ton nom rap –
– pel – – le Les pre – miers de ses plai – sirs. No – ël!
No – ël! C'é – tait le cri de nos
pè – res, Aux jours des so – len – ni – tés,
Quand les mas – ses po – pu – lai – res Se pres-saient dans
les ci – – tés. No – ël! No – ël!
Chan – taient a – vec al – lé – gres – – se
No – – bles, ma – nants et bour – geois, Lors-que dans la
foule en li – es – – se S'a – van – çait le char des
rois. No – ël! No – ël! Cri –

- ait la fou - le ra - vi - e, Quand la châs - se
des grands saints, De tout un peu - ple sui -
FIN
- vi - e, Se mon-trait par les che - mins. No -
(48)
45
(49)
46

47
(50)

48
(45)
49
(46)

(47)
50
12/8
CANON 1
2
51
6/8
Quand une é-toi-le fi - le Et dis-pa-raît,

A nos dé - sirs plus fa - ci - - le, Le

ciel per - met un sou - hait. Quand une é - toi - le

ti - le, Moi je vou - drais Du pauvre em - plir la sé -

- bi - le Et le com - bler de bien - faits.

FIN

EXERCICES SUR LE TON DE LA NATUREL MAJEUR ET DE FA DIÈZE MINEUR.

53
(55)
54
(52)

55
(53)
6
8
56
(57)
3
4

(56)
57
CANON
58
La ro-se nait a-vec l'au-ro-re, La ro-se
meurt a-vec le jour; Dans le fleu-ve qui le dé-

EXERCICES SUR LES MESURES DIMINUÉES.

60
(59)
Fin
D. C.
61
(62)
Fin

(61)
62
3/8
FIN
CANON
63
4/8 ou 2/4
1
2
FIN

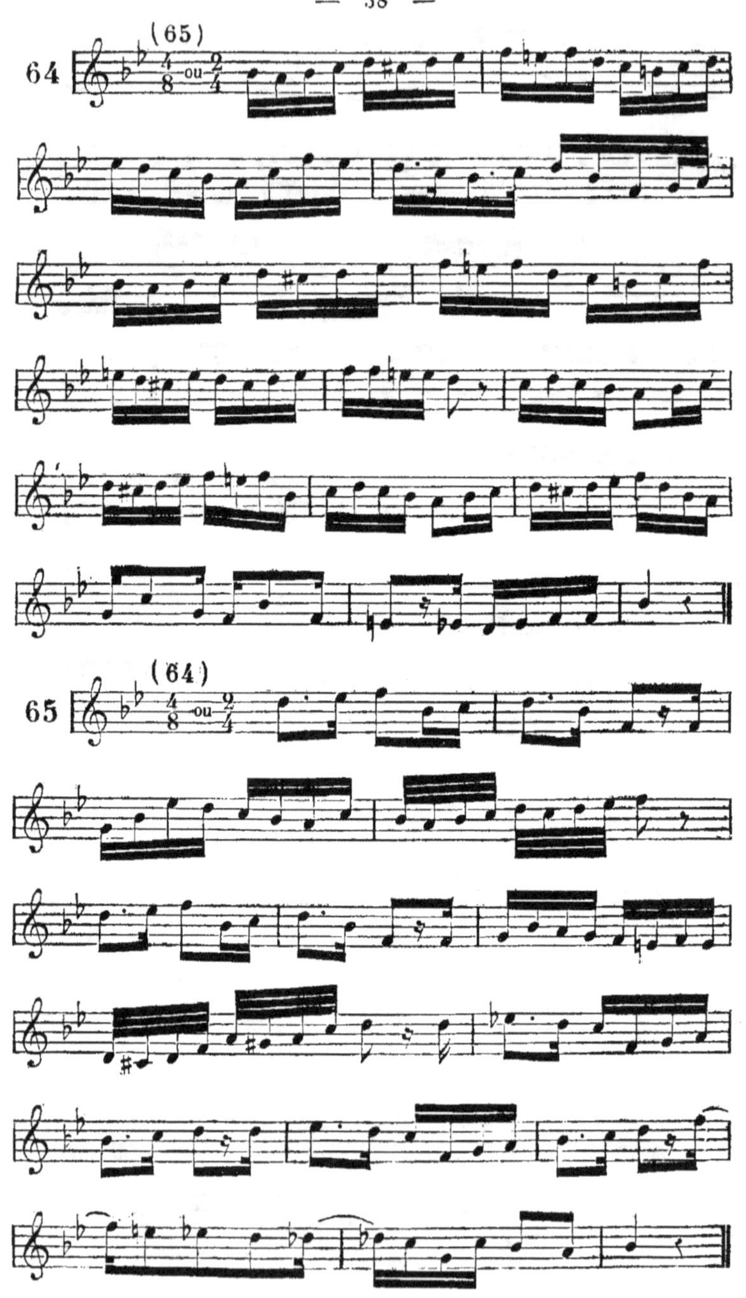
(65)
64
4/8 ou 2/4
(64)
65
4/8 ou 2/4

(67)
66
4/8 ou 2/4
(66)
67
4/8 ou 2/4

EXERCICES SUR LE TON DE MI BÉMOL MAJEUR ET D'UT NATUREL MINEUR.

(69)
70
(72)
71

(71)
72

73
(74)
74
(73)

CANON
75
1
2
Oh! qu'il est doux, la nuit, De vo-
3
-guer sur les on-des Tran-quil-les et pro-
4
-fon-des, Sans bruit, sans bruit; Le calme est en tous
lieux: Dans le lé-ger nu-a-ge Qui
voile à son pas-sa-ge Les cieux, les cieux; Le
calme est dans le cœur Qui con-temple en si-len-ce

EXERCICES SUR LES MESURES AUGMENTÉES.

76 (80)

77
(79)
78
(81)

79
(77)

80
(76)
81
(78)

(85)
82

83 (86)

84 (87)

85
(82)

86 (83)

88
CANON
1
2
3
4
Sous la voû - te sain - te L'or - gue ré -
- pand ses flots har - mo - ni - eux, Em - plis -
- sant la vaste en - cein - te De ses ac - cords ma - jes - tu -
- eux; Sa voix, pleine ou gra - ci - eu - se, De l'â - me
prend tous les ac - cents: Ou plain - te mys - té - ri -
FIN
- eu - se, Ou des heu - reux chœurs tri - om - phants.

EXERCICES SUR LE TON DE MI NATUREL MAJEUR
ET DE DO DIÈZE MINEUR.

(92)
91
6
4
(91)
92
6
4

EXERCICES SUR LE TON DE LA BÉMOL MAJEUR
ET DE FA NATUREL MINEUR.

95 (96)

FIN

EXERCICE SUR LA MESURE COMPOSÉE.

Fin
EXERCICES SUR LES MOUVEMENTS ET LES NUANCES.
98
(137)
All° moderato.
f
Cresc.
f
p
p
p
Cresc.
f
mf
mf
f

99
(138) Allegro.
ff
p
f
ff
p
ff
100
(139) Lento. Dolce.

mf
mf
p
Dolce
mf
p
101
(124) All° risoluto.
f

f >
Cres.
f >
f >
CANON
1 Allegretto.
2
102
mf
Cres.
f
Dim.
Cres.
ff

Decres.
pp
FIN
(125) Andantino.
103
p
mf
mf
p.
Rall.
FIN
Più mosso.
f
Rall.
p
Smorz.
pp
A tempo.
(127) Presto.
104
mf

105.
(126) Andantino.
sf
p
sf
p
f
mf
Cresc.
p
f
106.
(135) All° sostenuto.
Sempre ff

1re fois.
2me fois.
CANON Largo 1
107.
mf
Dans ce bril - lant so - leil qui pa -
2
3
- rait à l'au - ro - re, S'é - lè - ve dans les
4
cieux, se plon - ge dans les mers, Je
vois la ma - jes - té du Dieu que l'homme a -
f
- do - re, Du Dieu, du Dieu maî - tre de l'u - ni -
p
- vers. Cet O - cé - an sans fin, dont l'ex - trê - me sur -

EXERCICES SUR LES TRIOLETS DOUBLES-CROCHES.

(121) *Andante*

109

f *pp* *ff* *pp* *ff* *Dolce* *ff* *p* *f* *pp* *ff*

110
(122) Lento.
f
111
(133) Andte grazioso.
f
p
f
p

Dim.
112
CANON
Allegretto.
A - lerte! en cam - pa - gne! Soy -
- ons di - li - gents; La, la, la, la, la! La, la, la, la, la!
La, la, la, la! Gra - vis - sons la mon - ta - gne, Chas -
- seurs vi - gi - lants; La, la, la, la, la, la! Sui -
- vons en si - len - ce Le cerf dans les bois;
La, la, la, la, la! La, la, la, la la! La, la, la,
la! Frap - pons d'as - su - ran - ce La
bête aux a - bois. La, la, la, la, la, la!
Fin

EXERCICES SUR LES PETITES NOTES.

mf
Fin
f
D. C.
115
(131) Andante
p
f
p

116
(134) Larghetto.
p
Cresc.
f
p
mf
pp
p
Smorz.
117
(136) Adagio.
p

CANON
118
1 Andantino.
Ré - veil - lez - vous, bons mois - son - neurs, L'au - be blan - chit de - vers la plai - ne; Al - lons, de - bout, gen - tils dor - meurs! De chars pe - sants la route est plei - ne. Ohé! ohé! ohé! ohé! Ac - cou - rez tous dans nos sil - lons, Ve - nez li - er blés et ja - vel - les, Et les gla - neurs dans les val - lons Vous re - di - ront chan - sons nou - vel - les. Ohé! ré - veil - lez - vous, gen - tils dor - meurs; Ohé! ré - veil - lez - vous bons mois - son - neurs. Ré - veil - lez -
FIN

EXERCICES SUR LA CLEF DE FA.

p
f >
p
f
p
(110) Lento.
122
p

CANON
1
Allegro.
123
mf
2
f
Fin
p
(101)
All° risoluto.
124
f
f
Cres.

f >
f
(103) Andantino.
125
p
mf
mf >
p Rall.
Fin
Più mosso
f
p
Rall.

pp
Smorz.
A tempo.
(105) Andantino.
126
p
f
Cresc.
f
p
f
(104) Presto.
127
mf

(129) Allº animato.
128
f
p
ff

(128) All° animato.
129
CANON
Allegretto.
130
Vers des loin - tains ri - va - -
- ges En - sem - ble nous al - lons vo - guer; Par

de ri - ants pré - sa - - ges Le ciel
dai - gne nous ras - su - rer. O champs de la pa-
- tri - - e! Re - ce - vez nos der - niers a -
- dieux; La for - tune en - ne - mi - - e
Nous en - traî - ne sous d'au - tres cieux. Sur la
terre é - tran - gè - re Où nous por - - te le
flot trom - peur, Puisse un des - tin pros - pè -
- re Nous ou - vrir le port du bon - heur!
(115) Andante
131

132
(114) Andantino.
Fin

D. C.
133
(111) And^te grazioso.
f
p
f
p
f
p
Dim.
134
(116) Larghetto.
p
f
p
mf
pp

p
Smorz.
(106) All° sostenuto.
135
ff
1re fois.
2me fois.
(117) Adagio.
136
6
8
p

p
(98) All° moderato.
137
f
p
f
p
Cres.
f

138 (99) Allegro.

(100) Lento.
139
p
mf
pp
p
p
p
mf
pp

FIN

PROCÉDÉ A. CURVER.

www.ingramcontent.com/pod-product-compliance
Lightning Source LLC
LaVergne TN
LVHW020429230826
846091LV00004B/1428

* 9 7 8 2 3 2 9 4 4 2 4 4 0 *